I LOVE AUTUMN

Я ЛЮБЛЮ ОСІНЬ

Shelley Admont
Illustrated by Sonal Goyal

KidKiddos Books

www.kidkiddos.com

support@kidkiddos.com

First edition

Translated from English by Yuliia Vereta

З англійської переклала Юлія Верета

Library and Archives Canada Cataloguing in Publication

I Love Autumn (English Ukrainian Bilingual Edition)/ Shelley Admont

ISBN: 978-1-5259-3312-7 paperback

ISBN: 978-1-5259-3313-4 hardcover

ISBN: 978-1-5259-3311-0 eBook

Please note that the Ukrainian and English versions of the story have been written to be as close as possible. However, in some cases they differ in order to accommodate nuances and fluidity of each language.

J

Jimmy, the little bunny, was sitting beside the river.

Маленький кролик Джиммі сидів на березі річки.

It was an autumn afternoon and everything around him was dressed in orange, his favorite color.

Був осінній день, і все навколо було одягнене в помаранчевий – його улюблений колір.

He loved orange carrots, the orange sunsets and the beautiful orange leaves.

Він любив помаранчеву моркву, помаранчевий захід сонця і гарне помаранчеве листя.

"Come, Jimmy," called his oldest brother, "let's throw leaves into the river and see whose leaf will move faster!"

– Ходімо, Джиммі, – покликав його старший брат, – кинемо листя в річку і подивимося, чий листочок буде пливти швидше!

"What leaf do you choose?" asked his middle brother.

– Який листочок ти вибираєш? – запитав його середній брат.

"I'll take this big orange one," said Jimmy, picking up the leaf from the ground.

– Я візьму ось цей великий помаранчевий, – сказав Джиммі, піднімаючи листок із землі.

"Mine will be red," added his oldest brother and took a bright red leaf.

– Мій буде червоним, – додав старший брат і взяв яскраво-червоний листочок.

The middle brother looked around and picked up a beautifully-colored leaf. It was yellow, red and brown.

Середній брат озирнувся навколо і підібрав красивий різнокольоровий листочок. Він був жовто-червоно-коричневий.

“One, two, three ... throw!” yelled the oldest brother and all three bunnies threw their leaves into the water.

– Раз, два, три ... кидай! – крикнув старший брат, і всі три кролика кинули листочки у воду.

The leaves floated slowly down the river, while the happy brothers chased them along the riverbank.

Листя повільно пливло вниз по річці, а щасливі брати гналися за ним по берегу.

"Now let's make a huge pile of leaves," suggested the oldest brother.

– А тепер зробімо величезну купу листя, – запропонував старший брат.

"And then jump in it!" exclaimed Jimmy happily.

– А потім стрибнемо в неї! – радісно вигукнув Джиммі.

Yes, he loved autumn more than any other season. There were just so many fun things to do.

Так, він любив осінь більше ніж будь-яку іншу пору року. Восени було так багато цікавих речей, які можна було робити.

They started to pile up leaves. The oldest brother brought a few red leaves and the middle brother added yellow ones.

Вони почали збирати листя в купу. Старший брат приніс кілька червоних листочків, а середній додав жовтих.

Jimmy picked up all the orange leaves he could find and put them on top of the pile.

Джиммі зібрав усе помаранчеве листя, яке тільки зміг знайти, і поклав його на купу.

"One, two, three ... jump!" yelled the oldest brother and the three bunnies hopped into the pile.

– Раз, два, три ... стрибай! – крикнув старший брат, і три кролика стрибнули в купу.

They rolled through the leaves and threw them up in the air.

Вони каталися по листю і підкидали його в повітря.

All the orange, yellow and red leaves flew all over the place.

Усюди літало помаранчеве, жовте та червоне листя.

"I love the smell of the leaves," smiled Jimmy, sinking deeper into the pile.

– Я люблю запах листя, – посміхнувся Джиммі, глибше занурюючись в купу.

Suddenly it became dark. A big drop landed on Jimmy's forehead.

Раптом стало темно. Велика крапля впала Джиммі на лоб.

The oldest brother looked up at the sky. "We'd better get home before we get wet," he said.

Старший брат подивився на небо.
– Нам краще повернутися додому, поки ми не промокли, – сказав він.

"One, two, three ... run!" he yelled, and the brothers started racing towards home.

– Раз, два, три ... побігли! – крикнув він, і брати помчали до будинку.

Jimmy began running too, but stopped when he saw some colorful leaves on the ground. He started to pick them up.

Джиммі також кинувся бігти, але зупинився, побачивши на землі різнокольорове листя. Він почав підбирати його.

"Let's go, Jimmy! It's raining! What are you doing there?" asked the oldest brother.

– Ходімо, Джиммі! Йде дощ! Що ти там робиш? – запитав старший брат.

"I'm just picking some beautiful leaves for Mom," answered Jimmy. "I'm coming."

– Я просто збираю красиве листя для мами, – відповів Джиммі. – Я вже йду.

Just as the two oldest brothers ran into the house, heavy rain began pouring down. Jimmy was behind, still picking up leaves.

Як тільки два старших брата вбігли в будинок, почався проливний дощ. Джиммі був позаду та все ще збирав листя.

He got wet from the tips of his ears to the bottom of his toes. Even his little tail got wet, but it didn't bother him.

Він промок від кінчиків вух до кінчиків пальців ніг. Навіть його маленький хвостик промок, але це його не хвилювало.

He had lovely leaves for Mom in his hands, and that made him happy.

У нього в руках було прекрасне листя для мами, і це робило його щасливим.

“Mommy! Mommy!” he yelled with excitement as he ran into the house.

– Матусю! Матусю! – він схвильовано заволав, вбігаючи в будинок.

Mom was sitting on the couch in the living room.

Мама сиділа на дивані у вітальні.

“These are for you!” Jimmy exclaimed, jumping through the room and leaving puddles on the floor.

– Це для тебе! – вигукнув Джиммі, стрибаючи через кімнату і залишаючи калюжі на підлозі.

"Oh, my sweetie! Thank you! They are so pretty," said Mom.

– О, сонечко! Дякую! Вони такі красиві, – сказала Мама.

"But aren't you cold, Jimmy? Look at your ears, they are all wet, and your tail too!"

– Але хіба тобі не холодно, Джиммі? Подивися на свої вуха, вони всі мокрі, і хвіст теж!

"I'm not ... achoo!" Jimmy sneezed loudly.

– Мені не ... ачхи! – Джиммі голосно чхнув.

"Bless you!" said Mom. "I think you should change out of your wet clothes and put on this warm orange sweater I knitted for you. The evenings are becoming chilly now."

– Будь здоровий! – сказала Мама. – Я думаю, тобі слід зняти мокрий одяг і одягти теплий помаранчевий светр, який я зв'язала для тебе. Вечорами стає прохолодно.

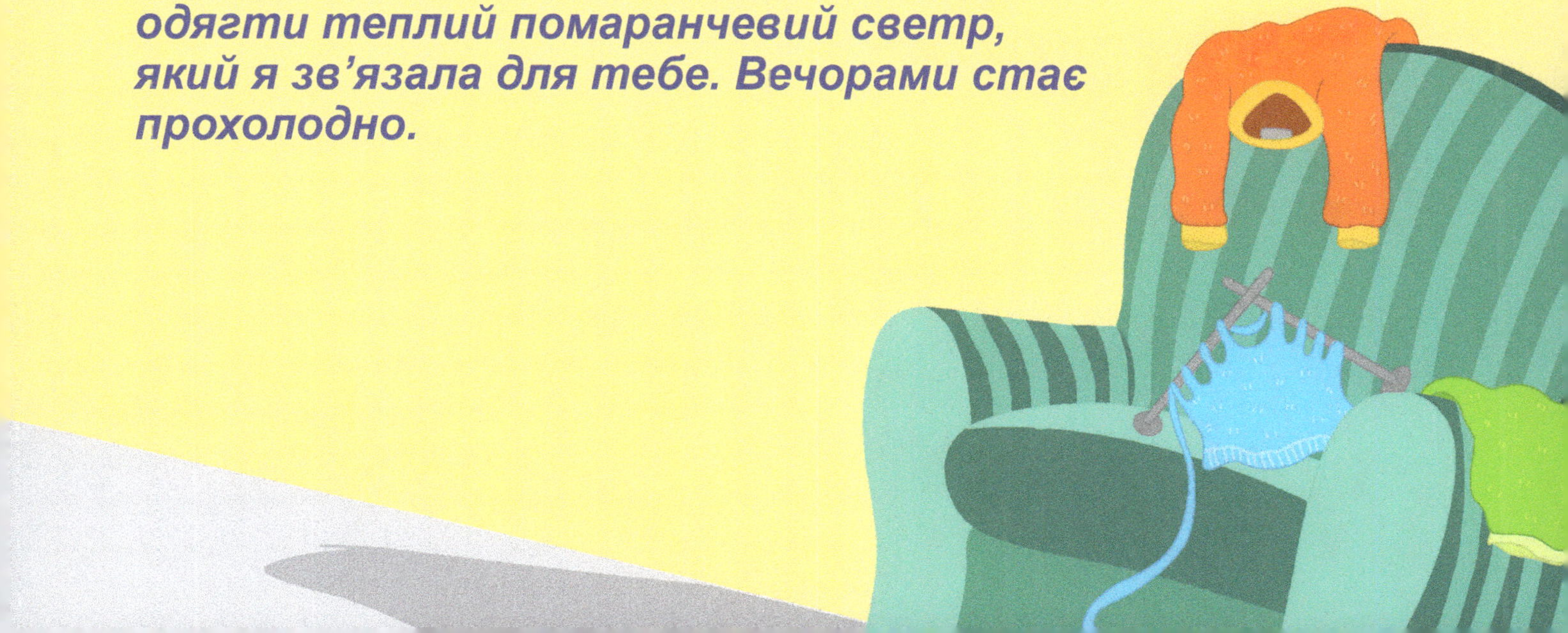

Jimmy put on his new orange sweater. His middle brother got a new green sweater and his oldest brother got a blue one.

Джиммі одягнув свій новий помаранчевий светр. Його середній брат отримав новий зелений светр, а старший - синій.

Soon all the family gathered in the living room, looking at the rain through the large window.

Незабаром уся сім’я зібралася у вітальні, дивлячись на дощ через велике вікно.

"It's so sad," said Jimmy, watching the wet leaves blowing in the wind. "Now we can't play outside. What are we going to do?"

– Це так сумно, – сказав Джиммі, дивлячись, як мокре листя майорить на вітрі. – Тепер ми не можемо грати на вулиці. Що ж нам тепер робити?

"We can make a delicious apple pie together," suggested Mom.

– Ми можемо разом спекти смачний яблучний пиріг, – запропонувала мама.

"Or we can read a book," added Dad.

– Або ми можемо почитати книгу, – додав тато.

"I would rather do a puzzle," said the middle brother.

– Я б краще склав пазл, – сказав середній брат.

The oldest brother thought for a moment. "What if we do all those things?" he exclaimed.

Старший брат на мить задумався.
– А що, якщо ми зробимо це все? – вигукнув він.

"That's a wonderful idea," said Mom nodding. "Let's start with an apple pie. I'll bring my recipe book."

– Це чудова ідея, – сказала мама, киваючи. – Давай почнемо з яблучного пирога. Я принесу свою книгу рецептів.

They all got to work. Mom and Dad cut up big red apples and the brothers mixed flour and butter.

Вони всі взялися за роботу. Мама з татом нарізали великі червоні яблука, а брати змішали борошно і масло.

"This is so much fun!" said Jimmy, mixing the crust ingredients in the large bowl.

– Це так весело! – сказав Джиммі, змішуючи інгредієнти для кірки у великій мисці.

"And once it's ready, it will be so delicious," said Mom and put the pie into the oven.

– А коли він буде готовий, він буде такий смачний – сказала мама і поставила пиріг в духовку.

I LOVE MY MOM
Written by Shelley Admont

"While it's baking, I could read you all a book," said Dad.

– Поки він печеться, я міг би почитати вам усім книжку, – сказав тато.

He settled on the couch with his sons and a large colorful book.

Він влаштувався на дивані зі своїми синами і великою барвистою книгою.

"And after this, we could do a puzzle," added the middle brother.

– А після цього ми могли б скласти пазл, – додав середній брат.

When evening came, the brothers got into their beds and Mom came to give them a goodnight kiss.

Коли настав вечір, брати лягли спати, і мама прийшла, щоб поцілувати їх на ніч.

"It was a great day," said Jimmy as Mom covered him with his blanket. "I love autumn."

– Це був чудовий день, – сказав Джиммі, коли мама накрила його ковдрою. – Я люблю осінь.

He yawned, closed his eyes and quickly fell asleep, soon to wake up to another orange day.

Він позіхнув, закрив очі і швидко заснув, щоб незабаром прокинутися в черговий помаранчевий день.

Printed in the USA
CPSIA information can be obtained
at www.ICGtesting.com
LVHW070506051123
763028LV00026B/127

9 781525 933127